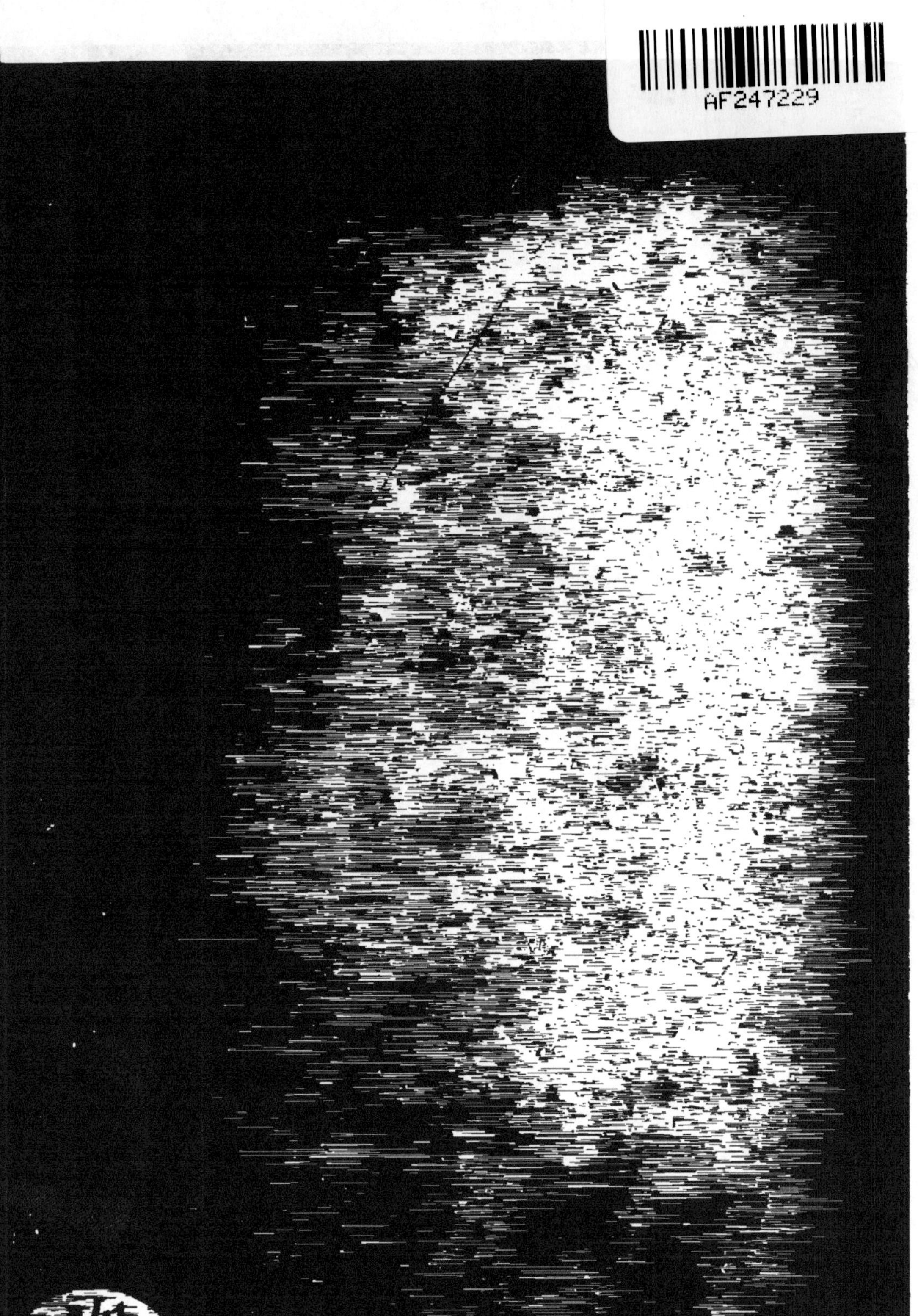

DE L'IMPORTANCE

DU CHOIX

D'UN REPRÉSENTANT

DU PEUPLE,

Par rapport au danger de l'avoir pour ennemi personnel;

OU

PÉTITION

A LA CONVENTION NATIONALE,

De JEAN-CLAUDE BOUTAY, chef de la premiere légion du district de Sarguemines; suivie de sa seconde réponse aux persécutions de FAURE, de la Haute-Loire, BECKER et BLAUX, de la Moselle.

Non benè ripæ,
Creditur, ipse aries etiam nunc vellera siccat.

VIRG. eclog.

A METZ,

DE L'IMPRIMERIE DE CLAUDE LAMORT.

PÉTITION

DE

JEAN-CLAUDE BOUTAY,

*Chef de la premiere légion du district
de Sarguemines,*

A LA CONVENTION NATIONALE.

LIBERTÉ,   ÉGALITÉ.

CITOYENS REPRÉSENTANS,

APRÈS une longue captivité, terminée par
un acquittement honorable et solemnel, la calomnie, la vengeance et la haine, qui ne voyent
jamais les choses sous leurs véritables couleurs,
ni les hommes sous leurs véritables traits, me
précipitent dans de nouvelles infortunes. Par
un acharnement sans exemple les représentans
Faure, de la Haute-Loire, et Becker, de la
Moselle, m'outragent d'une maniere d'autant
plus cruelle, que je n'ai jamais cessé de bien

4

mériter de la patrie. Tous deux confondent malignement des expéditions militaires et des enlévemens faits, pour ainsi dire, à la pointe de l'épée, avec les formes d'une saisie judiciaire. Tous deux m'inculpent pour n'avoir pas rendu un compte que leur persécution même me met, depuis vingt mois, hors d'état de rendre. Une procédure et un jugement, redoutables à l'innocence même, ne leur paroissent pas une suffisante épuration du désintéressement et de la probité. Ils provoquent, par le renversement des loix d'un état libre, un ordre de choses qui n'a pas même existé sous la tyrannie des rois, où l'on ne pouvoit être traduit en jugement deux fois sous le même rapport, et pour le même sujet. La crainte de succomber dans cette absurde entreprise leur a fait profaner votre enceinte par des impostures dont la preuve existe aux portes mêmes du comité de sûreté général, auquel ils ont arraché un mandat d'arrêt contre moi. Tandis que ces lâches calomniateurs me dénonçoient comme étant à Paris, assigné à la requête et à la décharge de Fouquier-Tinville, et prenant une part active et criminelle à des mouvemens qui vous menaçoient, je vivois avec des hommes dont vous connoissez si bien le patriotisme et la probité, que vous avez confié votre propre sûreté à l'un d'eux ; je vous couvrois de mon corps avec l'excellente et pure section de la Butte-des-Moulins.

Becker, par la plus mal-adroite méchanceté, m'a compris dans le nombre des agens de l'évacuation du Palatinat ; et Becker, qui est de mon propre district, sait que j'étois, avec mon épouse, long-temps avant et après cette évacuation, dans les cachots de la conciergerie. A ce titre, Becker a lancé contre moi un mandat d'arrêt; et Becker, faisant taire ou parler les loix à son gré, ne servoit que sa vengeance: en un mot, il est mon dénonciateur et mon juge.

Représentans d'un peuple juste, j'invoque toute votre attention sur la réclamation d'un homme libre. Elle est d'un intérêt général, parce qu'il faut qu'un représentant qui reçoit de vos mains le précieux dépôt de la justice et de la liberté, n'en abuse jamais, et qu'il sache faire la plus belle application de cette maxime: *Dans le doute, abstiens-toi.* S'il se porte à des actes d'autorité, s'il inflige des peines, et l'arrestation en est une, sans motifs ostensibles et suffisans, il devient seul responsable envers la société. Or le bon sens présume d'avance que les loix doivent réprimer les excès de la calomnie qui déchire, ou de la haine homicide qui accuse.

Si je me suis soustrait pour quelque temps à l'exécution d'un nouveau mandat d'arrêt contre moi; ne l'imputez ni à la crainte, ni à la désobéissance, mais au souvenir encore trop récent d'une captivité de treize mois, au sentiment profond des maux qui en sont la suite, à l'indignation qu'éprouvent tous les bons français, quand il s'agit de la perte de leur liberté, à celle de me revoir livré à la merci de mes ennemis acharnés à ma perte, à la facilité de prouver plus évidemment, étant libre, mon innocence et leur méchanceté, enfin au témoignage d'une conscience pure, à ma confiance en votre justice, et à l'espoir qu'elle sera prompte.

Ordonnez, citoyens représentans, que le coup d'œil le plus sévere de vos cómités de sûreté générale et des finances éclaire ma conduite et ma probité, afin que mes calomniateurs soient démasqués et confondus. Ordonnez aussi le rapport des mandats d'arrêt lancés contre moi, et la levée des scellés mis sur mes papiers et effets, tant à Paris que dans mon domicile, et que je jouisse de la liberté et de la tranquillité nécessaires pour terminer le compte que l'on fait sonner si haut (compte d'ordre et non de dépôt, comme je l'ai déja dit, ayant tout fait passer aux autorités constituées). Qu'enfin on puisse s'assurer que celui qui, sans intérêt, sans paie, et sans être tenu de s'exposer, servit la république avec zele, et lui acquit, au péril de sa vie, des chevaux, des armes, des provisions immenses, &c., ne peut être un dilapidateur, ni un mauvais citoyen ! Vive la république, la justice et l'humanité !

Ce 30 Messidor, an troisieme.

BOUTAY.

SECONDE RÉPONSE

DE J. C. BOUTAY,

Aux persécutions de FAURE, de la Haute-Loire, BECKER et BLAUX, de la Moselle.

RIEN de moins intéressant pour le public qu'une défense personnelle contre les persécutions et les calomnies de deux ou trois individus. Au milieu des grands intérêts qui nous agitent, le sort d'un particulier, son oppression, sa chûte même sous les coups redoublés de quelques méchans; tout cela n'a rien en soi d'assez important pour mériter beaucoup d'attention; mais si ses oppresseurs, ces h. mines injustes sont du nombre de ceux que le peuple abusé a trop légèrement honorés de sa confiance, qu'il a choisis pour le représenter et le protéger, alors l'innocent opprimé s'écrie douloureusement: tous mes maux me viennent donc de ceux qui devoient m'en défendre. Alors la patrie, la liberté, la justice, la vérité reçoivent une dangereuse atteinte, et voilà, qui que vous soyez, des objets dignes de tout votre intérêt.

Ma premiere réponse à Balthazard Faure, député de la Haute-Loire, commence par le plus bel éloge qu'on puisse faire de la convention nationale, et cet éloge, le seul digne d'elle, est bien plus dans mon cœur que sous ma plume. Si mes ennemis étoient pénétrés pour

elle du même respect, oseroient-ils souiller depuis deux ans son enceinte par les mêmes impostures tant de fois répétées? Quel est
l'homme équitable et sensé qui pourroit y
ajouter foi? Quel est le juste qui, sous le regne
de la justice et des loix, après avoir subi,
comme je l'ai fait, au tribunal révolutionnaire,
une procédure et un jugement redoutables à
l'innocence même, osera dormir un instant en
paix et avec la sécurité de sa conscience, si les
petites vues d'une politique individuelle, as-
tucieuse, ou de quelques intérêts de famille
plus petits encore, si la vengeance, la malignité, l'hypocrisie réarticulent sans cesse les
mêmes accusations pour le reconduire à la
mort, et s'enivrer d'un triomphe homicide.
A cette idée tout mon sang bouillonne, des
larmes d'indignation coulent de mes yeux.
Blasphémerai-je ici contre la liberté même?
Lui attribuerai-je ce vicieux ordre de choses?
Lui préférerai-je un paisible esclavage? Non;
si la convention nationale retentit quelquefois
des fureurs de la calomnie, c'est encore dans
son sein que l'homme probe, que la calomnie
déchire, doit trouver son plus sûr asyle.

Je voudrois ne m'occuper froidement que
du soin de ma justification; mais telle est la
pénible situation où me réduisent mes persécuteurs que je ne le puis, avec quelque succès,
sans les démasquer. Hélas! le mal que je suis
forcé de dire d'eux, n'est pas le moindre de
tous ceux qu'ils me font souffrir depuis long-
temps.

La bassesse de l'ame, la nullité des talens,
la rudesse des mœurs n'excluent pas l'ambition.

Faure en est la preuve, et cessa d'être à sa place sitôt qu'il eut arraché l'autorité dangereuse de révolutionner les hommes comme les chevaux (*a*). Incapable de principes, livré au parti dominant, il le servit par reconnoissance et par inclination dans le projet atroce de détruire la race humaine et de régner sur des ruines. Mais comme ses commettans s'étoient fait un système de destruction qu'il n'eût pas toujours l'esprit de suivre à la lettre, et qu'il frappoit avec encore plus de rage et moins de discernement qu'eux-mêmes, il fut rappellé, non comme *feuillant et modéré*, mais comme fol et frénétique, et il convient naïvement qu'il ne fut *rien moins que content* (*b*) d'être arrêté au milieu de sa noble carriere.

Cependant quelques doutes le saisirent sur la durée de l'ordre, ou du désordre des choses, à cette affreuse époque de notre révolution. Il suspendit prudemment le compte de sa mission, et passa doucement son temps, jusqu'au 9

———

(*a*) Faure, en mission dans les départemens de la Moselle, de la Meurthe et des Vosges, pour la levée des chevaux de réquisition, sollicita et obtint de Robespierre des pouvoirs illimités.

(*b*) Voyez la suite au rapport de Faure, pag. 8. C'est une chose fort commode pour Faure, Becker et ceux qui leur ressemblent, d'assassiner la fortune, l'honneur et la vie de leurs concitoyens, aux dépens de la nation, sous le titre de rapport ou suite de rapport à la convention nationale, tandis que nous autres infortunés, achevons de nous ruiner en frais d'impression, et pour répondre d'une maniere plus obscure et bien moins répandue, à leurs calomnies imprimées *gratis*.

thermidor, à faire incarcérer au comité de sûreté générale, *éternuer dans le sac* (c) au tribunal de son ami Fouquier, et à se promener de l'un à l'autre de ces deux écueils de la liberté et de la vie des Français.

Enfin, l'heureux changement arrive, Faure travaille son rapport qu'il ne fait que le 24 nivôse dernier; et, comme aujourd'hui, sans être contre-révolutionnaire, on peut détester un terroriste, le lâche, l'hypocrite Faure, pour ne pas paroître avoir servi la tyrannie, accuse tous les individus échappés ou sacrifiés à sa barbarie d'avoir été l'un ou l'autre.

Dans son rapport, j'ai pour ma part la qualification de *terroriste*. En réponse, j'ai démasqué Faure, dévoilé son artifice grossier, prouvé par ses lettres à son ami Fouquier-Tinville, par des faits publics qu'il ne détruira jamais, et sur lesquels il est forcé de garder un honteux silence, qu'il fut lui-même le plus dangereux agent de la terreur.

Battu sur cet article, Faure renouvelle une accusation de vols et de dilapidations, sur laquelle il a honteusement succombé. Sa manière de se défendre la plus commune, la plus facile de toutes, celle qui caractérise la méchanceté, c'est d'attaquer la probité des autres pour sauver la sienne. Il ne songe pas que dans dix répétitions des mêmes mensonges, il n'y aura jamais un mot de vérité. Je réponds à son dernier écrit.

(a) Terme technique, extrait de la correspondance de Faure avec Fouquier. Voyez Faure démasqué, ou ma première réponse, pag. 18.

Premièrement il m'attribue un mobilier riche, m'impute des dépenses énormes, un luxe insolent, et conclut que je suis un dilapidateur. Comme il est facile de gagner aujourd'hui beaucoup, et plus facile encore de dépenser tout ce qu'on gagne, sans avoir volé ni dilapidé, de son beau raisonnement je conclus, moi, que Faure est un insensé, et, sur l'application qu'il m'en fait, je conclus encore qu'il est un calomniateur insigne.

Je le répete : à l'approche de l'ennemi, les habitans de Sarguemines mettoient en sûreté ce qu'ils avoient de mieux. Mes effets, non pas très-précieux, mais les meilleurs, étoient à Hélimer, dispersés dans deux chambres remplies de quantité d'autres, envoyés par le district. Les assignats et l'argent monnoyé appartenoient à la république et à moi. Les deux caisses très-petites contenoient des gravures très-communes sous verre ; la boîte ficelé trois miroirs qui m'avoient coûté ensemble cent vingt livres (a) ; et *de plus une voiture.* Oui, un cabriolet ; et quel mal ? Sans doute je puis, comme tant d'autres, acheter un meuble, m'en servir, et le revendre quand il me plaît. Ce commerce facile et lucratif dans le voisinage des armées, dans un grand concours

***

(a) J'avois quelques linges nappés, achetés pour moi par une citoyenne de Sarguemines, à la vente publique de l'émigré de Vergennes. Quoiqu'on pût avoir la preuve du fait par le procès-verbal, le monstre Faure fait saisir cette mere de famille, et l'envoie avec nous au tribunal révolutionnaire, d'où elle fut renvoyée dix mois après.

d'individus, ne fut cependant pas le mien, que voici en deux mots, de notoriété publique, et par lequel on jugera de l'état très-médiocre de ma fortune.

Indépendamment de mon commerce de vin et d'eau-de-vie, je profitai des occasions de faire, sur d'autres objets, un profit légitime. J'ai eu confiance aux premieres ventes de domaines nationaux. En différens temps je me rendis adjudicataire de plusieurs biens que j'ai toujours revendus à profit, et ces profits, joints à celui de mon commerce, même pendant l'année courante, ont pu se monter, depuis la révolution, à une centaine de mille livres. De cette somme qui devoit assurer du pain à mes enfans, ou me mettre au moins en état de leur donner quelqu'éducation, une partie a été avancée dans mes missions pour la république; les persécutions que j'essuie depuis près de deux ans, m'auront bientôt débarrassé de l'autre.

Il est donc certain que bien loin d'avoir fait ma fortune, je l'ai manquée. Après mon acquittement au tribunal révolutionnaire, je me suis vu forcé de faire un emprunt pour continuer mon commerce, de revendre des biens nationaux qui me convenoient, et de n'en garder que pour environ trois mille livres. Voilà tout mon bien fond actuel.

Faure, après avoir estimé mon mobilier 150 livres dans son rapport, l'estime dans son dernier imprimé 1000 livres avant la révolution. Sur cet article comme sur tous les autres, il n'est qu'un misérable et méchant vétilleur. Mon mobilier fut toujours modeste comme mon état et celui de ma fortune. Il en est des trois voitures (*a*) déposées chez Guerber, à Puttelange, comme *des quatre pendules montées en marbre et autres objets de plus grande importance*. L'une de ces trois voitures est le même cabriolet qui fut saisi à Hélimer, et commis à la garde de Guerber. Etant maître de poste il abusa du dépôt entier ; mais ma fortune ne me permit pas d'être indulgent, et il fut condamné à m'indemniser pour la mienne. Les deux autres appartenoient à la nation, et on ne peut qu'être indigné de la fourberie de Faure qui, me comptant deux fois la même voiture avec ces deux autres, m'en suppose quatre à la fois, au-lieu d'une seule.

Je songe quelquefois que, pendant qu'ils me tenoient dans les cachots de la conciergerie, les deux amis pourroient bien s'être entendus pour me dépouiller. Fouquier en vouloit à ma bourse, et je lui aurois certainement laissé la somme qu'il m'avoit prise, si j'eusse prévu que, pouvant, sans ma déposition, subir la peine de ses crimes, il dût m'en coûter dix fois autant pour venir articuler contre lui cette peccadille. Faure faisoit probablement son affaire de *mon riche mobilier*, puisqu'il le connoît si bien, et qu'à mon retour je l'ai trouvé très-pauvre. Qu'il m'ap

---

(*a*) Je ne puis trop répéter que cet article des voitures, celui des chevaux dont il sera bientôt question, et tout ce que mes ennemis ne cessent de rebattre aujourd'hui, composoient les chefs d'accusation sur lesquels j'ai été si honorablement acquitté au tribunal révolutionnaire. Voyez Faure démasqué, pag. 11.

prenne au moins comment et par qui il a été pillé ; quelles sont les pieces qu'il a conservées, que je crois celles qui ont été volées dans les quatre-vingt-seize que Meunier et Joly ont tirées en ma présence, et pour lesquelles je suis en instance contre eux ; ce qu'est devenu un petit cheval qu'ils disent avoir envoyé à un représentant du peuple ; pourquoi enfin, ayant appris que je les attaquois pour la soustraction de plusieurs meubles et de mes pieces (*a*), il m'a persécuté avec une nouvelle fureur. Je puis raisonnablement soupçonner l'ami de Fouquier , jusqu'à ce que j'aie reçu pleine et entiere satisfaction sur mes demandes. Quoiqu'en le traitant ouvertement de *voleur* et de *dilapidateur*, j'aurois bien moins tort que lui envers moi, puisqu'il n'a ni subi de jugement, ni été acquitté sur ces faits.

Dans son dernier écrit Faure se plaint d'abord d'être *attaqué comme homme de sang, agent de Robespierre et ami de Fouquier-Tinville.* Du reste, convaincu par des pieces et des faits, il ne nie rien, il n'explique rien sur sa correspondance. Dans son systéme d'hypocrisie et de lâcheté il continue d'insulter aux mânes de ses victimes, de les accuser, de leur imputer des crimes imaginaires. Sa maniere de répondre aux vivans est aussi

----

(*a*) Ces pieces ne sont que d'ordre et de comptabilité, mais elles me sont necessaires. La noirceur de Faure, s'il les a, est seule capable aujourd'hui de leur donner dans ses perpétuelle tracasseries, une importance à ma charge qu'elles n'ont pas.

d'outrager les morts ; car ce qu'il redoute le plus, c'est de passer pour ce qu'il fut, ce qu'il est, et ce qu'il sera toujours.

Et de la part de quel homme, s'écrie-t-il ? de celui qui, indiqué par Fouquier-Tinville, a été assigné pour déposer à la décharge de ce ministre du vandalisme. Que Faure calomnie ceux qu'il persécute, ou qu'il a sacrifiés ! rien de plus simple, et l'on sait pourquoi : mais est-il généreux d'outrager la mémoire de son ami, d'un bon républicain, dont un seul mot *le consoloit, le dédommageoit des calomnies vomies contre lui, et lui faisoit oublier les angoisses que lui donnoient les malveillans* (*a*) ? Dans son assertion Faure en impose impudemment en face de la Convention nationale : je n'ai pas été indiqué par son ami Fouquier - Tinville, ni assigné pour déposer à sa décharge ; les preuves en sont au greffe du tribunal révolutionnaire (*b*). Faure,

------

(*a*) Voyez Balthazard Faure démasqué, pag. 17 et suivantes.

(*b*) Lettre du citoyen Pâris, greffier du tribunal révolutionnaire, en date du 18 prairial de l'an 3.

» Tu me demandes, citoyen, un acte authentique » qui constate à la requête de qui le citoyen Boutay » a été appellé comme témoin au tribunal, dans l'affaire » de Fouquier.

» Le tribunal étant supprimé, il m'est impossible de » donner cet acte ; mais je déclare et atteste que le » citoyen Boutay a été assigné à la requête de l'ac- » cusateur public contre Fouquier, et qu'il a été en- » tendu aux débats. Salut et fraternité, PÂRIS. «

Voyez la piece n°. 6. Celle-là est un acte authentique. Le comité de sûreté générale doit, dans les prin-

qui s'y transportoit si volontiers pour voir ceux qu'il y avoit traduits lutter contre une mort certaine, peut facilement vérifier le fait ; et voilà le premier mensonge par lequel il veut, dit-il quelques lignes plus haut, *édifier ses collegues*, et *détourner de lui des impressions défavorables*.

Le jugement qui acquitte Boutay ne sau- roit l'avoir acquitté pour des faits établis par des pieces qui n'ont pas été produites. Avec quel plaisir mes ennemis voudroient me voir remis en jugement ! Où sont les pieces qui n'ont pas été produites ? Quelles sont les faits à ma charge qu'elles établissent, et qui n'aient pas été compris dans le grand nombre de ceux sur lesquels je suis acquitté ? Les monstres ! ils voudroient encore m'assassi- ner. Si je ne dois pas succomber ; il leur seroit doux de me priver pour long-temps de ma liberté.

J'invoque un moyen sûr et facile de les confondre : consultez mon acte d'accusa- tion ; feuilletez les pieces de ma procédure qui sont au tribunal révolutionnaire, sur- tout le rapport des deux commissaires Meu- nier et Joly ; comparez-les avec les délations de Blanx, Becker et Faure, avec le procès- verbal du 10 octobre, qui doit, dit ce der- nier, servir à ma conviction, quoiqu'il me

---

cipes de justice qui le dirigent, témoigner la plus vive indignation, d'avoir été trompé par un mensonge, et se souvenir que des misérables comme Faure et Becker, à la faveur de la premiere calomnie, font ordinaire- ment passer toutes les autres.

soit très-favorable en comparaison du rapport qui en a été extrait avec une infernale malignité ; pesez l'identité des chefs d'accusation articulés avec ces délations perpétuelles, et prononcez. La réputation, la liberté, la vie d'un citoyen pleinement justifié sont-elles à vos yeux d'un si bas prix qu'elles doivent rester à la merci du coquin qui osa le premier y attenter ?

Une preuve que, sous le regne de la tyrannie, je n'ai pas commis d'injustice, en faisant arrêter Boutay, Commorell, etc.... c'est que le représentant Mazade a fait réarrêter les mêmes individus sous le regne de la justice. Dans le fait mon délateur ment, parce que le représentant Mazade m'a laissé libre sur le bon témoignage de mes concitoyens. Secondement, si d'autres ont été réarrêtés pour des raisons différentes de celles que Faure a eues de les traduire au tribunal révolutionnaire où ils ont été acquittés, il ment encore. Enfin, dans sa propre maniere de raisonner, l'ami de Fouquier convient avoir été un suppôt de la tyrannie, un égorgeur, puisque, sous le regne de la justice, auquel il voudroit adapter après coup sa conduite antérieure, des fleurs ont été jetées sur la tombe de ses victimes, et que celles qui sont échappées sont libres, innocentes ou acquittées des faits que sa profonde perversité leur imputa.

Des douze individus de Sarrelibre , le vieillard dont parle Boutay, étoit le plus chargé. Non , mais il l'est aujourd'hui par Balthazard Faure, dont le plan détestable

B

est de charger les morts de crimes, de peur d'en être lui-même chargé par les vivans. La seule qui a survecu est la citoyenne Serrier, de Sarrelibre. Malade à la mort, heureusement, elle ne fut point jugée avec les autres. J'ai lu attentivement l'acte d'accusation ; c'est elle qui étoit la plus inculpée, c'est elle qui fut acquittée après le 9 thermidor, c'est elle enfin qui, debout sur la tombe de ses onze co-accusés, a droit de crier à l'ami de Fouquier: Scélérat! quand tes vains efforts étoufferoient ma voix, quand ils atteindroient celui que le ciel, dans sa justice, a créé pour être ton dernier accusateur ; il en reste un qui doit lui survivre, c'est ta conscience.

Boutay parle ensuite de deux officiers, et dit que j'écrivis à Fouquier que je lui en envoyois un : et page 12, *quant à l'intimité que Boutay m'a supposé avoir eue avec Fouquier-Tinville,* &c. Le tartuffe ! comme il hésite, varie, ou se tait ! C'est moi qui ai dit, c'est moi qui ai supposé. Il ne convient de rien. Sans avouer ou désavouer ses lettres transcrites mot à mot, il laisse entendre qu'ayant supposé l'intimité, je puis avoir supposé aussi la correspondance qui l'atteste. On trouvera à la fin de cet écrit une lettre peu propre *à édifier les collegues* de Faure. Elle prouve avec quelle facilité les tyrans pulluloient sur le sol de la France, et attentoient *provisoirement* à la liberté des citoyens; combien ces misérables s'applaudissoient de leurs crimes, et la gentillesse de style avec laquelle Faure appelle l'arrestation de quatorze individus, **du**

nombre desquels j'erois, *un petit coup de filet (a)*.

Pour le fait de C.....ard, il l'explique de
maniere qu'il convient de sa lâche prevarica-
tion. Il reste pour certain qu'il a fait mourir
Genestet et sa femme, avec la seule piece de
sa main que j'ai transcrite, quoiqu'elle n'articule pas un seul grief contr'eux. Ayant man-
qué à la reconnoissance, il étoit tout naturel
qu'il niât le bienfait; mais il ne nie pas les
avoir poussés lui-même en personne des gradins
du tribunal à l'echafaud; il ne nie pas non
plus avoir sollicité, pendant sa mission pour
la levée des chevaux, des pouvoirs illimités
dont il abusa si cruellement. Je tiens de Ber-
trand, mourant, que Faure l'arrêta lui-même,
et celui-ci convient, par son silence, de l'avoir
laissé périr, victime de son homicide qui-
proquo. Faure finit par la citation d'un passage
à sa louange; s'il est ivre d'un vain encens,
qu'il en lise quelques-uns de Gorsas, qui, dit-
on, en a, depuis long-temps et d'avance, dissi-
pé les fumées.

En attendant que dans la suite de cet écrit,
je trouve l'occasion de répondre complette-
ment à Faure, je vais lui faire un reproche d'une
autre nature, non moins sérieux et d'un ton
plus grave.

Balthazard Faure, par un arrêté que je regarde comme l'acte de démence le plus impo-
litique et le mieux caractérisé qui se soit commis depuis la révolution, a voulu faire, dans le

---

(*a*) Voyez la piece n°. 9.

voisinage des armées ennemies, une nouvelle Vendée des départemens de la Moselle, de la Meurthe et des Vôges. Ce sont les sociétés populaires si mal composées, ou si mal *menées* alors, qu'il appella à le seconder; ce qu'elles ne firent que trop bien. En trois jours les églises et les sinagogues furent pillées; le vandalisme s'en empara, poussa ses ravages dans leur enceinte. Un délire effréné profanant les étendards de la philosophie, renchérit sur tous les excès du fanatisme de la religion. Un esprit de vertige et d'illusion substitua follement les noms de la raison et de la vérité à la place de celui de leur auteur qu'on n'osa plus nommer, et par la plus étrange inconséquence le culte de l'Être suprême fut aboli par la subversion totale de tous les autres dont il est la base.

Tel fut l'ouvrage de Faure; c'est ainsi que sa main grossiere et mal-adroite osa toucher une arme terrible que la plus habile ne peut manier sans danger. Dans son arrêté il outre toutes les maximes du terrorisme et de la tyrannie, et se montre plus despote, plus cruel, plus immoral que ses chefs, dont le seul mérite est peut-être d'avoir retiré des ténebres où ils plongeoient la France, les deux dogmes (*a*) si essentiels à la morale et à la liberté, si consolans pour les infortunés qu'ils égorgeoient, que ce tyranneau et ses semblables avoient proscrits.

Qu'est-ce donc qu'un terroriste? C'est celui qui, pour inspirer la *terreur*, anéantit toutes les facultés de l'esprit humain, couvre la

---

(*a*) L'existence de l'être suprême et l'immortalité de l'ame.

terre de violences, de brigandages et de bar-
baries, en foulant aux pieds la justice éternelle
et tout instinct moral pour y parvenir. Qu'est-
ce qu'un contre-révolutionnaire ? C'est celui
qui, dans les circonstances les plus dangereu-
ses ou les plus critiques d'une liberté naissante,
cherche à soulever les peuples et les conscien-
ces par des ridicules outrageans, par des im-
piétés grossieres, par des blasphêmes scanda-
leux contre une religion antique et respectée.
Cet individu est punissable, parce qu'il n'at-
taque pas seulement cette religion, mais ceux
qui la professent; parce qu'il les insulte, les
outrage dans leur culte, en marquant un mépris révoltant pour les objets de leur vénéra-
tion, et par conséquent pour eux. Or de tels
outrages doivent être punis par les loix, parce
que retombant sur les hommes, les hommes
ont droit de s'en ressentir.

Calquez maintenant la conduite de Balthazard Faure sur ces définitions et ces principes
de toute évidence : lisez son abominable arrêté, daté de Sarrelibre du 27 Nivôse de l'an 2;
pesez-en tous les articles; que votre moralité,
votre conscience jugent la sienne, et que votre
bouche prononce s'il fut ou ne fut pas le plus
fougueux partisan de la terreur, et le plus dangereux contre-révolutionnaire que les chefs de
la contre-révolution et de la tyrannie aient
jamais employé.

Depuis plus de deux ans, trois représentans
du peuple se montrent acharnés à ma perte:
deux, Blaux et Becker, sont de mon propre
district; le troisieme, Balthazard Faure, de la

Haute-Loire, capable, par son caractere violent
et cruel, de servir toutes les vengeances, de
la leur a fait la sienne propre. Mais Becker et
Blaux ! celui-ci presque mon voisin, l'autre
résidant à six lieues de moi. J'entends ! déja la
prévention m'écrase ; il faut que j'aie dix fois
raison pour l'avoir une. Eh bien, tenez-vous
en garde, mais souvenez-vous de ce que
sont le commérage, les jalousies, les divisions
d'intérêt, les fureurs de famille dans les petites villes; combien la haine y devient rage,
combien la passion y ôte tout sentiment d'équité, combien les délations calomnieuses, les
vengeances sourdes, les faux temoignages y
ont conduit de malheureux à l'échafaud.
Quoi! l'homme le plus juste et le plus instruit,
quand il est ulcéré, voit rarement les choses
comme elles sont, et vous voudriez que Blaux,
petit imprimeur, foible praticien d'une petite
ville, Becker, très-petit marchand d'une autre,
tous deux sans consistance morale et politique
et mes ennemis personnels depuis long-temps,
fussent devenus des gens integres, éclairés, in-
corruptibles, de bons esprits, de vrais philo-
sophes inaccessibles à tous les motifs personnels
qui flattent les ames communes, et peuvent
égarer le jugement humain ! Déja vous réflé-
chissez, déja vous pressentez que des hommes
comme ceux-ci ne sont pas d'assez grands gé-
nies pour exclure leurs proches de toute in-
fluence dans les affaires politiques, quand l'a-
mour propre, la vanité, l'orgueil ou la vengeance de la famille se trouvent satisfaits; vous
présumez aussi que les femmes ne sont pas celle
du sage Roland, et que mes persécuteurs ne

ressemblent nullement à ce vertueux ministre. Dispensez-moi donc d'entrer ici dans des détails fastidieux, supposez-les tous, et vous ne vous tromperez en rien.

Blaux, depuis long-temps indisposé contre moi, et envoyé en mission dans le duché des Deux-Ponts pour l'organisation des municipalités, me demanda, des opérations auxquelles je vaquois alors, un compte qu'il me fut défendu par mes commettans de lui rendre, comme n'ayant aucun rapport à sa mission (*a*). Aigri par ce refus, quelques temps après, il me donna, dans son rapport à la Convention nationale, une part qui fut la source de toutes mes infortunes. Voici ses propres termes :

» Tout le mobilier des comte de la Layen,
» duc de Deux-Ponts, et du prince de Sar-
» bruck, a été également enlevé avec toute
» l'argenterie par les citoyens Boutay et Com-
» morell, délégués par mes collegues. S'il n'y
» a point eu d'inventaires réguliers, comme je
» le soutiens ; comment peut-on s'assurer que
» tout ce qui a été enlevé, a été livré et vendu
» au profit de la République ? Ce sont cepen-
» dant des objets de la valeur de plus de qua-
» tre millions, et je pose en fait qu'il s'est
» commis à cet égard les pillages, les brigan-
» dages et les dilapidations les plus affligeans
» et les plus désastreux, qui font gémir tous

____

(*a*) Cette lettre de Faure est sous les scellés dans mes papiers, avec la copie de celle qu'ils écrivirent à Blaux, pour la lui notifier, et mettre fin à ses tracasseries. Voyez la cause de sa haine dans *Faure démasqué*, note de la page 8.

» les citoyens honnêtes du département de la
» Moselle, qui a déja fait arrêter quatre de
» ces pillards et dilapidateurs (*a*); mais ce ne
» sont que les petits, les grands en étant
» exempts, comme sous l'ancien régime. «

Cette citation du rapport de Blaux, est extraite du dernier écrit de Faure; on ne peut le soupçonner de l'avoir affoibli, ni d'avoir choisi le passage le moins signifiant contre moi.

Pour fixer l'opinion de mes concitoyens sur toute cette affaire, je ne puis résister au besoin de mettre ici sous leurs yeux le résumé exact de mes commissions, et de la maniere dont elles ont été remplies; c'est le moyen le plus propre de réduire à leur juste valeur les calomnies de mes ennemis. Ne m'accusant de rien qui n'ait fait l'objet des chefs d'accusation articulés au tribunal révolutionnaire, ce résumé sera en même temps l'apperçu de mes défenses.

Depuis le 19 décembre 1792 jusqu'au 10 octobre 1793 (*vieux style*), époque de mon arrestation, j'ai été successivement chargé des commissions suivantes (*b*), savoir:

____

(*a*) Reconnus innocens, remis en liberté et renvoyés à leurs missions peu de temps après. Il faut observer que Blaux parloit pendant leur captivité, et que le préjugé étoit dans toute sa force. Ainsi les grands voleurs dont il parle n'ont plus parus tels, et ce moyen de persécution n'a été renouvellé contre moi que long-temps après, et accueilli par le barbare Faure, qui n'examinoit rien, et vous envoyoit d'abord à son ami Fouquier.

(*b*) La premiere m'a été donnée par mon district, toutes les autres par le département, plusieurs généraux et treize représentans du peuple, qui tous, comme je l'ai dit ailleurs, ont loué mon zele et approuvé mes opérations.

1°. De l'enlèvement des bestiaux, che-vaux, effets, grains, fourrages appartenans à l'abbaye de Wadegasse, au prieuré d'Ent-zheim (*a*) ;

2°. De l'enlèvement des grains, fourrages, bestiaux et vins du duc des Deux-Ponts.

Les inventaires de ces deux articles ont été exactement dressés, excepté celui du vin, qui, dans une affaire où l'ennemi ne resta chassé hors des Deux-Ponts que pendant six heures, a été enlevé à la hâte, et envoyé, sous bonne et sûre garde, au district de Sarguemines, qui en a fait l'état et l'envoi aux places de Metz, Bitche et Sarrelibre. J'étois à la tête de nos freres d'armes, le sabre à la main ; et je me rap-pelle que j'observai aux juges et jurés du tribunal, que, si dans cette occasion comme en beaucoup d'autres, j'avois quitté **mon** sabre pour prendre la plume ou faire faire un inventaire, il ne me seroit resté qu'un chiffon de papier ; au-lieu que je renvoyai chargées de vin 35 à 40 voitures que j'avois amenées derriere un corps de troupes de plus de trois mille hommes. La justesse de mon observa-tion frappa tous les esprits ; et on couvrit d'un rire de pitié ou de dédain l'ineptie des praticiens ou formalistes comme Blaux (*b*),

---

(*a*) Dans cette premiere commission, j'eus pour ad-joint Rogival, mon co-administrateur du district.

(*b*) Blaux m'accusant ouvertement de dilapidations ou de négligence en présence de quatre représentans du peuple et de plusieurs autres personnes, et poussé à bout sur les preuves nécessaires pour me convaincre, répondit naïvement : « Comment voulez-vous que je

Faure et Becker, qui confondent des expéditions militaires avec les formes d'une saisie d'huissier.

3°. Des chevaux de ses différens haras.

Le général Landremont et un commissaire des guerres les ont signalés, et envoyés au haras de Bouquenom. La république en doit à mon zele plus de cent soixante cachés et parqués dans des forêts immenses : ils sont en ce moment au haras de Rozieres. J'ai passé plusieurs nuits dans les bois, seul, au bivouac, pour les découvrir, ou les enlever par ruse.

4°. Des armes, sabres, fusils, pieces curieuses et antiques de son arsenal.

J'ai decouvert encore cet objet estimé deux millions. Il alloit m'echapper par l'approche de l'ennemi. Après en avoir fait faire l'inventaire en présence du citoyen Rewbel, alors commandant nos troupes à Hombourg, je l'envoyai à Sarrelibre au garde de l'arsenal, dont j'ai le reçu. J'avois ecrit aux représentans du peuple Merlin, Rewbel et Haussman, mes commettans, sur le danger de perdre ce précieux trésor; lorsque je reçus leur réponse, il etoit déja en sûreté, et l'ennemi trouva le local vide.

5°. De la recolte en foins et grains appartenans au duc dans le pays des Deux-Ponts.

Ces enlèvemens longs et difficiles ont été faits

____

» vous en donne ? Il a fait toutes ses expéditions à la » barbe de l'ennemi «. Mot précieux qui les caractérise, en ce qu'elles ne devroient, comme au tribunal, me valoir que des éloges, au-lieu des malheurs qui en ont été la récompense.

sans ordre, sans commission, sous le feu de l'ennemi, faisant avancer et charger les voitures, après l'avoir repoussé, et tous les jours me battant à la tête de nos détachemens. J'ai valu à la république, en cette occasion, plus de trois mille quintaux de bled et autant de milliers de foin ; produit immense, et d'autant plus précieux pour elle que j'en privois les troupes de la coalition. Le citoyen Thiébault, arpenteur, nommé par le district, en a tenu un registre exact, avec le nom, la demeure de chaque voiturier, et la quantité de foin qu'il déchargeoit. Il conservoit en outre les procès-verbaux et quittances de délivrance, tant aux armées, qu'aux gardes-magasins. Meunier, commissaire contre moi, a retiré des mains de Thiébault, auquel il en a donné son récépissé, ces pièces si essentielles pour mon compte. Quoique toutes les pièces qui me manquent, établissent le bon ordre qui régnoit dans toutes mes opérations ; quelle raison auroit l'autre de dire qu'elles n'ont pas été toutes produites, s'il n'avoit pas celles là? Il faut enfin qu'elles se retrouvent, avec les effets qui m'ont été volés du fait de ces misérables, qui croyoient m'envoyer, avec mon épouse, à une mort certaine.

6°. De l'enlèvement des bestiaux, vin et meubles de son château de Montbijou.

L'inventaire a été dressé exactement ; le général Guillaume étoit présent, logeoit au château et veilloit au bon ordre avec sa troupe.

7°. De celui des meubles du château de Carlsberg, après en avoir chassé l'ennemi.

On doit faire ici deux observations essentielles : la premiere, c'est que lors de notre premiere invasion dans le duché des Deux-Ponts, on ne toucha ni aux meubles, ni aux effets précieux des châteaux des Deux-Ponts et de Carlsberg, et que je fis apposer les scellés sur toutes les portes d'appartement; la seconde, c'est que l'ennemi, après notre retraite, en fit enlever tous les meubles de prix, et que lorsque nous y retournâmes, il ne nous resta que des gros meubles envoyés avec l'inventaire qui en fut dressé à Sarguemines, qui fut toujours l'entrepôt, d'où on faisoit passer tous ces objets dans d'autres villes, comme Metz.

8°. De l'enlèvement des bestiaux, chevaux, meubles des châteaux de Bliscastel et Philipsbourg, ainsi que de la récolte en foin.

Il n'y a eu d'inventaires exacts que les trois premiers jours. Le quatrieme, sur l'avis du général qu'il y avoit du danger, nous nous retirâmes. Je dis: nous, parce que Meuller, du département, étoit commissaire en chef; je n'étois qu'adjoint. Dans ces trois premiers jours nous envoyâmes à Sarguemines une trentaine de voitures chargées des objets inventoriés. Après le départ de Meuller, j'y retournai seul. C'est alors que je furetai et découvris quantité d'effets cachés et emmurés. Le danger subsistoit toujours. On emballoit dans des caisses, on jetoit le linge dans des sacs bien ficelés et cachetés, et j'expédiois, à la hâte, par dixaine de voitures à la fois, sous bonne et sûre escorte, pour Sarguemines, où des commissaires de district procédoient aux inventaires.

9°. De l'adjudication des dîmes dans le

pays ennemi et de l'envoi au district de Sarguemines.

Les procès-verbaux d'adjudications, et les
denrées en nature, qui en étoient le prix, sont
parvenus au district, qui a donné les quittances
aux adjudicataires. Prévoyant l'approche de
l'ennemi, je les pressai de dévancer les termes d'échéance.

10°. De la reconstruction des ponts sur la
Blise.

J'ai employé jusqu'à trois cents ouvriers pour
cet objet, et mille à douze cents pour la fenai-
son sur la même riviere, de l'autre côté de laquelle étoient les ennemis.

11°. Des rassemblemens pour la levée en
masse, et de la formation d'un bataillon de
premiere réquisition.

J'ai commandé aux affaires des 12 et 14 septembre 1793 la levée en masse, et j'étois oc-
cupé à la formation du bataillon à Hélimer,
lorsque je fus arrêté au milieu de mes travaux :
Plusieurs de mes opérations n'étoient pas finies.
Une commission succédoit rapidement à l'autre. J'en avois eu à remplir cinq à six à la fois.
J'en passe quelques-unes sous silence qui n'ont
point de rapport aux tracasseries que j'éprouve.

12°. De la levée des chevaux de luxe et propres à l'artillerie dans les pays des Deux-Ponts,
de la Layen et Sarbruck.

J'ai posé cet article le dernier, parce qu'au
tribunal révolutionnaire, un des chefs d'accusation contre moi fut de m'être approprié des
chevaux, et que Becker vient de le rétablir à
la face de la convention et de tous mes concitoyens. Il parle d'évacuation, et je ne sais ce

que c'est. Il ne fut question de celle du Palatinat, il ne se commit aucune malversation, aucun acte de rigueur chez les particuliers des pays conquis, que plus d'un an après la levée des chevaux dont il est ici question. Il a trouvé, dit-il, des agens intéressés ; et sans paie j'ai prodigué ma vie pour ma patrie : des dilapidateurs ; je suis pleinement justifié sur cet article : des barbares ; je chéris l'humanité, et je suis incapable de faire de la peine à personne : des coupables ; et je suis honorablement acquitté.

Becker a trouvé des coupables ! est-ce donc à moi d'en convenir ? Avec ma conscience, après la maniere dont il s'exprime sur mon compte, connoissant ses motifs de haine personnelle, et ce qu'il a déja fait pour me conduire à la mort, ne dois-je pas penser qu'en tout, ainsi qu'à mon égard, il a outragé la justice et la liberté ? Dans quelles mains ont été confiées ces divinites tutélaires des français ? Quel usage a t-il fait de ce dépôt ?

Je vais transcrire la partie de son rapport qui me regarde. Il y a mis tant de mauvaise foi et de grossiere malignité, que si je n'en avois besoin pour lui répondre, le lecteur, déja instruit des faits, croiroit que le transcrire mot à mot est une malice de ma part.

» Boutay, de Sarguemines, fils d'un huis-
» sier, ensuite commis du district, devenu
» membre du directoire (a), a déja été dé-

(a) Il me fait un crime d'être fils de mon pere, et compte ridiculement ma naissance pour une fonction civile. Notez cependant qu'avant d'être chef de bu-

» noncé par notre collegue Blaux, *pour avoir*
» *diverti près de quatre millions* dans le mo-
» bilier du duc des Deux-Ponts, duquel il a
» été nommé commissaire, tant dans le châ-
» teau des Deux-Ponts que ceux de Carlsberg,
» Javersbourg et Pétersheim ; il étoit aussi
» commissaire pour le mobilier de la com-
» tesse de la Layen, à Bliscastel. «

Relisez la citation du rapport de Blaux, de laquelle il résulte que j'ai été nommé commissaire pour faire enlever le mobilier des comte de la Layen, duc des Deux-Ponts, &c., qu'il n'y a pas toujours eu d'inventaires réguliers et préliminaires; qu'au milieu du tumulte de la guerre et des armes, sous le feu de l'ennemi, après l'avoir chassé d'un poste, où en danger d'en être repoussé nous-mêmes à chaque instant, dans le tracas des emballages et chargemens précipités sur des voitures mal en ordre, et les premieres qui se rencontroient, pendant des marches nocturnes et pressées, on ne peut pas s'assurer que tout ce qui a été enlevé, ait été livré et vendu au profit de la république;

---

reau du district, j'avois servi avec honneur neuf ans, en qualité de sergent-major, et de capitaine d'armes dans l'artillerie de la marine ; que j'avois fait toutes les campagnes d'Amérique ; que je faisois le commerce ; que j'étois et suis encore chef de la légion dans laquelle Becker étoit simple fusilier. Lui et Blaux savent que mes concitoyens n'ont pas cessé de m'honorer de leur estime, qu'ils m'ont conservé ma place pendant ma longue captivité, et que la fin de leur députation sera le terme de leur ambition, mais ne sera pas celui du mépris et de l'indignation qui les attendent dans leurs foyers.

que ce sont cependant des objets de la valeur de plus de quatre millions (a); qu'enfin, Blaux pose en fait qu'il s'est commis à cet égard les pillages, les brigandages et les dilapidations les plus affligeans et les plus désastreux qui font gémir tous les citoyens honnêtes, &c. &c.

Relisez, dis-je, tout cet énoncé de Blaux, admettez pour un instant le fait qu'il avance. D'abord vous êtes surpris qu'aujourd'hui même le plus petit larcin n'ait pu être prouvé contre personne, et que depuis plus de deux ans, excepté Commorell, avec lequel je n'ai eu aucun rapport dans mes commissions, j'aie été le seul accusé et acquitté. Concluez donc que bien loin d'être affligeans et désastreux, ces pillages, brigandages et dilapidations ont dû être bien peu conséquens, relativement à des objets de cette valeur, et prononcez, avec le juri du tribunal révolutionnaire, qu'il n'y en a eu aucun, et que le fait n'est pas même constant.

Mes persécuteurs ne sont pas indulgens; sont-ils du moins justes, véridiques, d'accord

---

(*a*) Cette estimation seroit trop basse, si on considéroit que les objets acquis à la République par mes diligences ou en combattant moi-même, comme des chevaux du plus grand prix, des grains et des fourrages immenses, l'arsenal, &c. valent plus de trois millions, et sont inappréciables par les circonstances, leur valeur et la nécessité. J'agissois en bon partisan, je choisissois l'espece et le nombre de troupes qui m'étoit nécessaire, je connoissois le pays, et j'étois parfaitement secondé par les généraux et par nos braves freres d'armes. Je ne me fais pas un mérite d'avoir refusé le grade de général de brigade, mais je suis toujours prêt à verser mon sang pour la patrie.

entre

entre eux ? Reprenez maintenant les rapports de Becker et de Faure, et voyez s'il est vrai que Blaux m'ait jamais dénoncé pour avoir diverti quatre millions dans le mobilier du duc des Deux-Ponts. Je vous laisse sourire de mépris ou frémir d'indignation, et je reviens à Becker.

» Depuis trois ans, Boutay n'a encore rendu aucun compte, et n'a dressé aucun inventaire des effets qui lui étoient confiés. «

On a vu, dans ma réponse à Faure démasqué, les raisons qui m'ont empêché de rendre compte de mes gestions. Pour mieux en convaincre, j'analyserai, pour ainsi dire, le temps, et je montrerai l'emploi exact que j'en ai fait.

Le 10 octobre j'ai été mis en état d'arrestation. Sorti de la conciergerie et acquitté avec ma femme, malade, le 14 brumaire de l'an 3, je suis resté un mois à Paris, avec permission, pour rétablir sa santé. Arrivés dans nos foyers à la fin du mois suivant, après le temps indispensablement dû à nos propres affaires, je m'occupai de ma comptabilité. Il falloit revoir tous mes préposés, et voyager dans un pays âpre, montagneux, couvert de forêts et par la saison la plus dure. Il est constant, par acte de voyage et par citation au bureau de conciliation, que j'étois à Metz le 23 nivôse, où j'ai demandé compte à Joly et à Meunier, qui avoient été nommés commissaires pour m'arrêter et apposer les scellés chez moi, 1°. de 18 pieces nécessaires pour former mon compte, et enlevées dans le nombre des 96 tirées de mes papiers, et envoyées au tribunal révolutionnaire : 2°. de celles que Meunier s'étoit fait remettre sur ma gestion des foins enlevés des pays ennemis; 3°. d'un petit cheval et de plusieurs meubles. En ventôse, toujours travaillant à mes comptes, ou voyageant pour en rassembler les matériaux épars, je suis assigné pour le 5 germinal comme témoin dans l'affaire de Fouquier-Tinville. Arrivé à Paris, j'ai constamment suivi les séances du tribunal jusqu'au jugement définitif, comme tous les témoins ouïs ou non ouïs sont obligés de faire. Enfin, j'ai quitté Paris le 13 prairial, frappé d'un mandat d'arrêt dont j'ignorois les motifs. J'ai suffisamment répondu sur le défaut d'inventaires dans l'exposé de mes missions. Becker continue:

» On ne voit que Boutay courir la poste de Sarguemines à Paris, et de Paris à Sarguemines. Il peut aussi se flatter, et il l'a fait, d'avoir été à Paris les 1er., 2, 3 et 4 prairial; je l'ai rencontré le 16 en mon chemin, et si mon mandat d'arrêt est exécuté, il sera arrêté. «

Tout ce passage, que Becker, à son arrivée à Paris, me paroît avoir concerté avec Faure, est un perfide artifice pour jeter des soupçons sur ma conduite. La difficulté d'avoir des places de diligence, toujours retenues vingt jours d'avance; la nécessité de repousser les persécutions de Faure, par la publication de ma première défense; de faire de longues et difficiles recherches au greffe du tribunal, pour retrouver les pieces de comptabilité soustraites de mon procès; de placer le moins désavantageusement possible des caisses de tabatieres qui sont encore sous les scellés dans ma chambre; d'attendre le départ d'un citoyen qui m'offroit une place dans une voiture qu'il avoit achetée

à Paris; le devoir d'entourer la convention nationale et de la défendre avec une section pure
et bien connue par son attachement aux bons
principes; tout cela ne suffit-il pas pour auto-
riser le délai de mon départ depuis le supplice
de l'ami de Faure jusqu'au 13 prairial?

Je demande au lecteur le plus froid, s'il
m'est possible de contenir ici les mouvemens
de ma sensibilité, sur ce que Faure avance
qu'il ne me restoit de salut que dans le succès de la révolte.

Dans les temps de troubles et de crises, et
quand les passions sont exaltées, la moralité
des individus s'affoiblit, et les intrigans sacri-
fient l'innocence à leur propre sûreté, en l'accusant des excès dont ils sont eux-mêmes coupables. C'est ici une vérité d'expérience mal-
heureusement prouvée autant par deux ans
de notre révolution que par vingt siecles. Ce
qui renforce l'application qu'on peut en faire
à Faure lui-même, c'est qu'ayant été un des
plus ardens suppôts de la tyrannie, il avoit
un intérêt direct dans des mouvemens qui
tendoient à la rétablir; c'est que la nommée
le Sergent, demeurante rue neuve Egalité,
la jacobine ou coquine qu'il trainoit dans ses
missions, avec laquelle il s'avilissoit, et
qu'il n'a cessé de voir, a été arrêtée après
l'affaire du fauxbourg Antoine, sur une dénonciation de sa section. Pour moi, contre quel
événement, ou quel homme avois-je mon salut à chercher. J'ignorois encore au 7 prairial
que Becker voulût me perdre ouvertement;
je vivois en paix, toujours avec 4 ou 5 amis,
tous excellens citoyens, et connus pour tels;

je faisois imprimer ma réponse à Faure, je le demasquois, le méprisois et ne le redoutois pas. Connoissant sa scélératesse profonde, j'ajoutai à mes certificats celui de mes compagnons d'armes de Paris; j'attendois, je desirois impatiemment l'instant de retourner chez moi, pour m'y livrer enfin au compte de mes gestions et commissions; et je sais que le salut d'un bon citoyen ne consiste que dans le maintien des loix et de la liberté, de même que le salut et la tranquillité des gens de bien consistent dans la punition des méchans. Faure ajoute, *étant instruit qu'il s'élevoit un mouvement : donc il étoit instruit du mouvement, avant qu'il eût lieu.* Raisonnement absurde, qui suppose que tous ceux qui apprennent que la fumée sort d'un bâtiment, ou qui l'apperçoivent, étoient instruits qu'on devoit y mettre le feu. Vous êtes confondus, malheureux, la méchanceté vous ôte évidemment l'usage de la raison.

Le lecteur sait maintenant que je n'ai fait la route de Paris qu'au commencement de germinal pour m'y rendre, et dans le milieu de prairial pour en revenir. Du reste, pourquoi ne pourrois-je pas me flatter d'y avoir été présent au commencement du même mois, non dans le sens que Becker l'entend, mais toujours au poste d'un bon citoyen. Je m'en flatte ici même; mais, si je l'ai fait ailleurs, certes Becker l'ignore, ou l'invente dans une perfide intention. Nous l'avons véritablement rencontré le 16 à la poste de Gravelotte auprès de Metz, retournant à la Convention avec sa femme. Nous étions quatre, dont trois de sa connoissance. Il s'est entretenu quelque temps avec mon camarade de voiture, auquel il a demandé si elle m'appartenoit. Je reprends son rapport.

» Ce Boutay étoit aussi un de ces agens pour l'évacuation, et a enlevé tous les chevaux dans le duché des Deux-Ponts, Bliscastel et Sarbruck, sans quittance, desquels il a disposé à son gré, en vendant les uns, et donnant et conservant les autres «.

J'ai déja dit que la différence de temps, de lieu, de circonstance en met une grande entre les agens dont parle Becker, et moi, entre l'évacution du Palatinat et une levée de chevaux de luxe et d'artillerie faite l'année précédente, sur les mêmes principes, et avec autant d'humanité que celles qui se faisoient alors dans l'intérieur de la République. J'agissois pourtant sous le feu de l'ennemi, et ceux dont parle Becker opéroient dans un pays dont le théâtre de la guerre étoit reculé par nos succès. Cette expédition, quoique militaire, étoit fondée sur des bases de modération qui ne privoient les particuliers que d'un superflu dont l'agriculture ne souffrit pas ; celle des autres fut faite sur tous les objets de premier besoin, dont la privation réduisit les familles au désespoir. Dans le tumulte des armes, l'équité, le bon ordre dirigea la levée des chevaux dans le duché des Deux-Ponts ; l'évacuation du Palatinat, s'il faut en croire Becker, fut opérée en désordre, quoique pendant un calme assuré par la supériorité décisive des Français. En un mot, si ces agens furent barbares après la victoire, je me bornai à remplir le prescrit de ma commission, et je fus juste et humain au milieu des combats.

Examinez, pesez donc les expressions de Becker. Quelle bêtise ou quelle malignité ! selon lui, je n'aurois ni laissé dans ces pays, ni remis à la République un seul cheval. Qu'aurois-je donc fait de dix mille chevaux ? Mais parlons raison ; le public est là, et je le respecte autant que mes ennemis le méprisent.

En juin 1793, par arrêté du département de la Moselle, approuvé par les représentans du peuple, à la tête de nos détachemens, et à la vue de l'ennemi, j'ai fait dans le pays des Deux-Ponts, Sarbruck, la Layen, la levée des chevaux de luxe ou propres à l'artillerie. Sur ma demande, le général Radot m'avoit donné le citoyen Hébert, maréchal expert du 14e. régiment de dragons. On amenoit dans un lieu indiqué les chevaux de plusieurs communes à la fois, et là, en présence des officiers municipaux, des particuliers propriétaires ou de leurs valets, des commandans de postes, de beaucoup d'autres officiers, plusieurs fois même des généraux, le citoyen Hébert a tiré, numéroté, signalé, estimé environ cent soixante chevaux (a) que cette levée a produits. Outre les numéros, les signalemens et l'estimation, les procès-verbaux de chaque séance, et ceux de chaque envoi au département, tous signés du citoyen Hébert et de moi, contiennent les noms et la résidence

____

(a) Je ne puis donner des nombres fixes et déterminés, tous mes papiers étant sous les scellés en mon domicile de Sarguemines et dans mon logement à Paris.

des particuliers qui les ont fournis. En 15 jours cette opération délicate a été faite à la barbe de l'ennemi, et les chevaux envoyés à Metz, où j'ai vérifié, en nivôse dernier, les états de réception absolument conformes aux miens.

De cette levée de chevaux dont parle Becker, il ne sait pas (a), mais je dois dire que j'en avois conservé un seul qui fut prêté pour aller à l'armée, au chef de la seconde des deux légions que j'y commandai, et qui composoient la masse entière de mon district. De retour, je le fis remettre au commissaire de la levée des chevaux, et il fut vendu à Nancy, au compte de la République.

Pour conduire les détachemens de nos troupes qui devoient protéger mes opérations, souvent me battre à leur tête, me porter continuellement d'un lieu à l'autre, remplir tant de commissions laborieuses et simultanées dans une étendue de plus de vingt lieues de pays, on sent bien qu'il me falloit des chevaux pour moi et mes préposés. Aussi en eus-je plusieurs successivement et à la fois. Il ne m'en restoit qu'un seul à la nation, lorsque je fus arrêté. Mon compte contiendra celui des chevaux que j'ai eus à ma disposition, et j'y dirai à qui ils ont été remis pour le service public. Je passe au der-

---

(a) Selon Becker, j'ai tout vendu, donné ou conservé, ce qui est non seulement faux, mais absurde. Bien qu'on puisse présumer, qu'il ne sait rien par la raison qu'il dit beaucoup trop ; cependant je le crois beaucoup plus méchant et de mauvaise foi, qu'ignorant, parce que ce cheval fut prêté précisément à un de ses voisins, qui est chef de la seconde légion.

nier trait qui me concerne dans le rapport de Becker.

» Cet être immoral, informé par une pro-
» clamation que j'ai faite, a parcouru, il y a
» deux mois, toutes ces communes, et leur a
» donné des quittances sans date des chevaux
» qu'il avoit enlevés ; mais les laboureurs ont
» su apprécier sa conduite, et les ont refusées ».

Je conviens qu'il est très-vrai que la levée de ces chevaux s'est faite sans en distribuer les quittances ou plutôt les bons à ceux qui les ont fournis ; mais je réponds que dans ma commission, non plus que dans l'arrêté du département, approuvé par les représentans du peuple, il ne m'étoit pas prescrit d'en donner. Je soutiens même que sur un point aussi essentiel et aussi délicat, je n'ai pu ni dû rien prendre sur moi, et qu'agir autrement eût été compromettre le gouvernement dont il ne m'appartenoit pas de pénétrer les vues, et dont mille raisons politiques autorisoient peut-être alors cette omission volontaire. Donner des bons de mon chef ! Dans le système de rigueur qui commençoit à prévaloir, n'étoit-ce pas me perdre ? N'étoit-ce pas engager la république ou moi, chétif individu, à des paiemens dont elle pouvoit, en certains cas, se dispenser elle-même par le droit de la guerre ? N'étoit-ce pas lui ôter celui de prendre un jour conseil des événemens ? Graces au ciel ! elle ne le prend aujourd'hui que de la justice et de l'humanité ; et par la maniere dont je me suis acquitté de cette commission, je ne suis que louable de lui avoir transmis tous les documens nécessaires pour en remplir les devoirs : le mien étoit de rassurer les propriétaires de ces chevaux sur ce qu'ils n'avoient aucuns titres de créance ou d'indemnité qui pût leur épargner la longueur ou le dégoût des formes qu'on leur pourroit prescrire. Parcourant ces pays pour rassembler les matériaux de mon compte, la proclamation de Becker me tomba entre les mains. J'appris en même temps que, ne respirant que haine et vengeance, il tenoit, avec sa famille qu'il conduisoit avec lui, les propos les plus calomnieux, et qu'il indisposoit contre moi ces bonnes gens par ce prétendu manque de formalité. J'avois avec moi le double des états d'envoi au département : je leur donnai des bons conformes aux numéros, aux signalemens, aux estimations, aux noms des fournisseurs et à la date de ces envois ; mais celle de la livraison manquant dans ces états, je n'ai pu l'insérer dans ces bons, et la crois encore indifférente : car si un cheval de tel façon et de tel valeur a réellement été livré par un tel, ainsi qu'il conste, par les états qui sont au département, on doit lui en payer le prix. D'où il suit que le défaut de la date de la livraison, ne pouvant atténuer un titre de cette espece conforme d'ailleurs à des actes et à des faits publics, aucun laboureur ne l'a refusé, et que Becker n'en impose pas moins sur ce fait que sur tous les autres.

De retour du duché des Deux-Ponts, j'entrois dans le comté de la Layen à la fin de ventôse, lorsque je reçus l'assignation qui me fit sur-le-champ partir pour Paris.

O bonheur inespéré ! O consolation des malheureux ! échappé aux bourreaux et toujours

réd uit au triste emploi de me défendre, frappé
d'un mandat d'arrêt, et en ignorant les motifs;
sans envie, sans pouvoir d'en éviter les suites
funestes, mais mettant à profit pour ma justi—
fication les derniers instans de ma liberté, et
peut-être de ma vie, j'en reçois à l'instant une
expédition. Hélas! je me défendois dans les
ténebres, d'après le seul témoignage de ma
conscience, et j'ignorois dans quelle partie la
scélératesse de mes persécuteurs me portoit le
coup mortel. J'ai besoin de rappeller tout mon
sang froid pour transcrire ici toute entiere la
piece suivante.

AU NOM DU PEUPLE FRANÇAIS.

St.-Avold, le 14 prairial, 3ᶜ. année républicaine.

J. BECKER, *représentant du peuple en mission à Landau.*

» D'APRÈS les déclarations faites, tant par
la municipalité des Deux-Ponts que celles de
Bliscastel et plusieurs autres communes envi-
ronnantes ces deux chefs - lieux, d'où il est
constaté que non seulement Boutay, ci-devant
membre du directoire du district de Sarguemines, a été un des agens de la commission de
l'évacuation du Palatinat, mais étoit encore
chargé du mobilier tant du duc des Deux-Ponts
que ceux de la comtesse de la Layen, tant
dans les châteaux de Carlsberg, Vayers—

bourg (*a*), Pétersheim, que des Deux-Ponts et Bliscastel, gestion de laquelle, jusqu'à ce jour, il n'a encore rendu aucun compte :

» Il résulte que ce citoyen est prévenu d'avoir, non seulement dilapidé et tourné à son profit des effets qui appartenoient duement à la nation, mais est encore prévenu d'avoir participé aux exactions, vexations et dilapidations qui ont été commises dans ces contrées conquises :

» Considérant que ce Boutay se trouve, depuis passé un mois, à Paris, et a écrit à Sarguemines qu'il se préparoit de grands coups à Paris, long-temps avant le 1er. prairial, qu'il ne tarderont pas d'éclater, et que des représentans seroient envoyés dans ce département pour corriger ce que notre collegue aristocrate Mazade avoit opéré ;

Arrête

» Que le directoire de district est requis de faire saisir et arrêter ledit Boutay ; que les scellés seront apposés sur ses titres, papiers et effets :

» Ordonnons qu'il lui sera donné tous les moyens et toute la latitude possible pour ren—

(*a*) Il est aussi question dans le rapport de Becker, de Vayersbourg, où jamais je n'ai rempli aucune commission. Petersheim dont je n'ai pas parlé, me rappelle un petit avantage que j'y ai eu à la tête d'un détachement. J'en chassai l'ennemi, et je n'y pris autre chose qu'environ 150 milliers de foin envoyés sur-le-champ à l'armée de Hombourg.

dre ses comptes et les préparer, lesquels, depuis long-temps, auroient pu et dû être
rendus.

» Chargeons le procureur-syndic du district
de Sarguemines, sous sa responsabilité, de
l'exécution des présentes, qui demeure chargé
d'en rendre compte de suite au comité de sûreté générale.

» St. Avold, les an et jour susdits. Le représentant du peuple, *signé* JOSEPH BECKER. «

Pour copie. *Signé* DECKER, *secrétaire.*

Voyez, en général, avec quel artifice la
premiere partie de cette piece est rédigée.

Je nie d'abord qu'aucune déclaration de
cette nature ait été faite par les municipalités
qui y sont citées; ou je soutiens que Becker
seul l'aura rédigée et fait souscrire sur sa parole.
Que d'avantages mes ennemis ont contre moi!
Avec quelle bassesse ils en profitent! Le
moyen en effet de croire imposteur et faus-
saire un homme qui vous flatte, vous console,
et qui est honoré par la convention nationale
d'une commission de justice, d'humanité et de
bienfaisance! Comment, d'un autre côté, ces
bons et probes allemands auroient-ils pu dire
que j'ai été l'un des agens de la commission de
l'évacuation du Palatinat, moi qui étois en
prison avant que les français eussent repris les
lignes de Weissembourg, chassé les ennemis
de l'Alsace et conquis le Palatinat même; moi
qui, sorti de la conciergerie, après une captivité de treize mois, ne suis arrivé dans mon
domicile, de retour de Paris, qu'à la fin de fri-

maire dernier, et long-temps après cette éva-cuation ? Pourquoi encore l'affectation d'arti-culer ce nouveau grief tiré de l'ordre du jour, qu'on m'impute aujourd'hui avant des faits d'un genre tout différent, et qui l'ont précédé de plus d'un an ?

Quel intérêt ont ces municipalités de décla-rer à Becker que je n'ai rendu aucun compte de mes gestions ?

Si, ce que je ne crois pas, il résulte de ces déclarations, que je me sois rendu coupable de dilapidations et de vexations dans *ces con-trées conquises*, n'est-ce pas par la plus per-fide réticence qu'on ne nomme pas les lieux du délit ? Dans le Palatinat ? je n'y ai pas mis le pied. Dans les pays des Deux-Ponts et de la Layen ? aucunes vexations, aucunes dilapi-dations n'y ont été commises de mon temps, de mon fait, ni que je sache, au milieu de tant d'expéditions militaires. Je ne suis que trop bien justifié là-dessus, après treize mois de cachots, par une procédure redoutable, et par un jugement qui m'acquitte avec une men-tion honorable de ma conduite, et qui déclare, à l'unanimité, les faits même *non constans* (a). Ce n'est qu'après la conquête définitive de ces pays, qui a suivi celle du Palatinat, qu'il peut s'y être commis les mêmes abus. En ce dernier cas, mes raisons seroient les mêmes. J'étois au cachot, et l'on doit se souvenir que jamais, excepté la levée des chevaux de luxe, je n'ai exercé de commissions envers les particuliers.

____

(a) Voyez la piece n°. 1.

Après tout, Becker n'avoit-il des pouvoirs que pour Landau et contre les agens du Palatinat ? Alors sa vengeance avoit intérêt de me comprendre parmi eux; mais il est évident, qu'en cela, comme en renouvellant des accusations réfutées au tribunal, il a mal choisi l'occasion de me nuire.

Je passe à la seconde partie, ou au *considérant* de ce mandat. Il est tout entier de Becker, il contient les motifs qui l'ont décidé, seul il les articule, ou plutôt il les invente; il est ici mon dénonciateur et mon juge.

Le lecteur pourra-t-il jamais se persuader que depuis le 9 thermidor, et dans des circonstances où le gouvernement cherche à s'affermir sur des principes de justice, un pareil acte d'iniquité ait été commis par un représentant du peuple en mission ? Non, je n'ai jamais ni dit, ni écrit, ni pensé un mot de ce qu'il m'impute. J'en prends à témoin tout ce qui respire. Que ceux qui me connoissent, mes amis, mes parens, ma famille s'élevent contre moi et m'accusent ! Je les dispense du secret de l'amitié, je les provoque à le rompre, à sacrifier au bien public toute considération particuliere; je leur demande comme une grace, je les conjure de sauver Becker du reproche de la plus noire perfidie et de la plus lâche imposture, et de me déclarer coupable, si je le suis, aux dépens même de ma liberté et de ma vie.

Bien que Becker ne soit à mon égard qu'un homme inique, ne devroit-il pas au moins avoir revêtu les formes d'un juge integre ?

Vraie ou fausse, où est la dénonciation qui lui a été faite de cette lettre ? Qu'elle soit supposée, contrefaite ou véritable, a-t-il pu agir sans en être saisi, sans avoir au moins des attestations souscrites par des gens dignes de foi que cette lettre existe, datée de tel jour, adressée à tel, lue par tels et tels ? Explique-toi, vil calomniateur, prouve ou donne des indices certains, sans quoi la vérité outragée, la représentation nationale compromise, te condamnent à traîner le reste de ta vie dans l'opprobre et l'avilissement, comme coupable d'une des plus infernales scélératesses qu'ait jamais vues la révolution !

Il m'étoit facile de répondre à des faits controuvés, déclarés, après une discussion solemnelle, *non constans*, et sur lesquels mes ennemis ne peuvent revenir sans se couvrir d'ignominie comme calomniateurs, ou sans provoquer, par le renversement des loix d'un état libre, un nouvel ordre de choses pis encore que l'ancien, où l'on ne pouvoit être traduit en jugement deux fois pour le même sujet. Il m'étoit plus facile encore de prouver contre toutes les déclarations, toutes les municipalités et tous les représentans du monde, qu'étant prisonnier à la conciergerie de Paris depuis le 10 octobre 1793 jusqu'au 14 brumaire dernier, je ne pouvois être dans le Palatinat l'un des agens de la commission de l'évacuation. Qu'a donc fait Becker ? De St.-Avold, du sein même de sa famille, c'est-à-dire, de mes ennemis, il a *considéré* que j'étois depuis un mois à Paris; que j'avois écrit à Sarguemines qu'il s'y préparoit de grands coups;

que le citoyen Mazade, en mission dans mon département, étoit un aristocrate, &c. : et pendant qu'en vertu de ses dénonciations et de celles de son digne collegue Faure, le comité de sûreté générale lançoit contre moi un mandat d'arrêt, Becker en lançoit un second partant de chez lui pour retourner à Paris.

Que Becker et sa famille *considerent ;* mais qu'il me soit permis de considérer aussi par quelle perfide manœuvre il profite des circonstances pour intéresser contre moi dans sa cause le gouvernement, le citoyen Mazade, et les autorités constituées de mon district qu'il venoit de recomposer ! Trouver un homme juste est une consolation pour l'opprimé ; et j'estime Mazade, parce qu'ayant reçu des lettres de Blaux et de Faure, avec un extrait du journal des débats, où je suis le plus maltraité par ce dernier, il m'a excepté, d'après le témoignage de mes concitoyens, de toutes les mesures de rigueur prises, contre plusieurs individus, par son arrêté daté de Sarguemines même, du 2 floréal dernier (a). Que Faure et Becker expliquent donc pourquoi, nonobstant le mandat d'arrêt de ce dernier, qu'il a chargé les autorités constituées de mon district d'exécuter, je viens d'en recevoir de nouveaux certificats ; pourquoi l'attachement, l'intérêt de mes concitoyens croissent, pour ainsi dire, en raison des persécutions que j'essuie, de

____

(a) Je prie le citoyen Mazade de se souvenir de la lettre que je lui ai écrite le 10 prairial. Elle contient l'expression de la confiance et des sentimens que sa justice m'avoit inspirés. Je n'en eus jamais d'autres.

l'ignominie

l'ignominie dont ces misérables se couvrent, de l'indignation et du mépris qu'ils s'attirent. Non, je n'ai pas tout perdu ! mes braves compatriotes; ces témoignages de votre estime, joints à celui de ma conscience, me restent et me soutiendront au milieu de tant d'acharnemens et d'outrages (*a*).

J'ai donné les raisons du délai de mon départ de Paris : elles indiquent la nature de mes occupations. Me permettrai-je encore de nommer ici le petit nombre de citoyens que j'y fréquentois. Et pourquoi non ? Leur société ne peut qu'honorer un honnête homme, et leur indulgente amitié pardonnera cette indiscrétion au besoin de la justice que j'en attends.

Tous les momens que me laissoit l'objet principal de mon voyage à Paris, ou mes affaires d'intérêt, je les passois avec le bon, le sage Couturier, l'un des plus estimables députés de notre département à la convention nationale. Par lui, j'ai vu tous ceux qu'il fréquentoit, ou fréquenté tous ceux qu'il voyoit; et leur liaison réciproque fait l'éloge de tous. J'ai retrouvé un homme non moins estimable, le général Landremont, qui commandoit dans le duché des Deux-Ponts pendant une partie de mes missions (*b*). Sa bravoure, sa loyauté ont reçu leur récompense; il a été nommé, le 4 ou le 5 prairial, l'un des généraux de l'armée que la convention appelloit à Paris pour sa propre

---

(*a*) Voyez la piece n°, 2 et 3.
(*b*) Voyez la piece n°. 7.

D

sûreté; le général Duhoux, son ami, étoit toujours avec lui. Enfin, je voyois les citoyens Sanrefus, restaurateur, chez lequel je mangeois avec ma société, et Tremet, mon hôte. Voilà exactement tous ceux avec lesquels je passois les jours entiers à la fin de floréal et au commencement de prairial. J'y ajoute mes braves compagnons de la 6e. compagnie de la section de la Butte-des-Moulins(*a*). On peut aussi s'assurer de mon exactitude à toutes les séances du tribunal révolutionnaire; les citoyens Pâris, greffier en chef, Réal, défenseur officieux, et plusieurs autres peuvent l'attester. Quelle fatale destinée est donc la mienne! Par la plus cruelle noirceur, on m'attribuoit à St.-Avold des propos absurdes que ma conduite à Paris démentoit si bien. Le comité de sûreté générale ne tient-il pas sous sa main, dans son voisinage même, à deux cents pas, les preuves les plus fortes de mon innocence et de la scélératesse de mes ennemis? Daignera-t-il enfin les examiner?

Par la conduite de Becker et de Faure à mon égard, il est démontré que l'amour du bien public n'est pas ce qui détermine des hommes de cette trempe. Voici enfin les motifs de la haine du premier.

Au combat de Birmezens, le 14 septembre 1793, je commandois une colonne de troupes sur la montagne de Mittelbach. Nous nous battions avec l'artillerie légere depuis 2 heures, et

---

(*c*) Voyez la piece n°. 8. Le 4 prairial, la cinquieme compagnie, voisine de celle dans laquelle j'étois, me fit l'honneur de m'inviter à la commander en cas de besoin, et en l'absence de son capitaine.

pour contenir l'ennemi, je lui faisois apperce-
voir, sur une hauteur voisine, plusieurs têtes de
colonnes, composées d'une partie des troupes
de la masse armée de piques. Le fils de Becker,
adjudant-général, passe, conduisant un bataillon au général Radot. Il reconnoît plusieurs
de ses concitoyens de St.-Avold; et, pour montrer ses talens militaires, il se permet de son
chef de déranger nos têtes de colonnes. Je suis
averti, je le joins; et avec toute la chaleur et
dans le langage qui convenoient à la circonstance, je lui demande de quel droit il déran-
geoit ma troupe. « Va-t-en, lui dis-je, à ton
poste : Que ton pere t'envoye à l'école pour
apprendre à commander. N'es-tu pas honteux d'occuper une place au-dessus de ta ca-
pacité, et qui devroit appartenir à quelqu'ancien militaire plus digne que toi de la remplir. » Quelque temps après il fut destitué par
les représentans du peuple près des armées de
la Moselle et du Rhin. Son pere crut fausse-
ment que j'avois eu quelque part à sa destitu-
tion, et parvint enfin à le faire réintégrer par
la protection de St.-Just.

Le même jour un autre parent de Becker
s'enfuit du camp, monte sur une voiture qu'il
force de rétrograder, et crie par-tout : sauvez-
vous tous ! les prussiens s'emparent de notre
camp, ils ont pris tous nos canons. Par cette
lâcheté, il fut un des principaux auteurs de la
déroute du même jour, et fit retourner, en ar-
riere, les voituriers qui amenoient les subsis-
tances. Je fus forcé avec l'état-major de le faire
mettre au corps-de-garde, mais l'enquête com-
mencée ayant été remise aux commissaires du

département et du district, et la masse licen-
ciée, cette affaire n'eût aucune suite.

A peine suis-je arrêté, que ces deux individus, deconcert, font dans les clubs, contre moi
des motions accablantes. Tous deux m'accu-
soient d'être un dilapidateur, et d'avoir exposé
la masse. Mes concitoyens mépriserent leurs
clameurs, et me conserverent leur estime, qui
en a tellement imposé à l'un des deux, qu'il vient
même de souscrire un des certificats qui se
trouve à la fin de cet écrit.

Becker père, plus ulcéré ou moins indulgent, a mûri sa haine pendant tout le temps
de ma captivité. Dès qu'il en vit approcher le
terme, il osa, à la tribune de la Convention,
dans une dénonciation qui m'étoit étrangere,
et dont l'issue trahit dès-lors sa mauvaise foi,
fortifier la prévention par un préjugé funeste
et barbare sur mon affaire. Il écrivit de son
propre mouvement à Fouquier-Tinville pour
lui donner l'adresse de Meunier et Joly, les
commissaires qui m'avoient arrêté, et qui m'é-
toient les plus contraires. Toujours livré aux
fureurs de la vengeance, il écrivit encore le 9
brumaire dernier au comité de sûreté générale, que Bidault fils, ci-devant membre du
district de Sarguemines, appellé en témoignage contre moi, ayant été destitué par Faure,
pourroit très-bien déposer à ma décharge, qu'il
falloit informer promptement l'accusateur public de ce fait, *pour le mettre à même d'apprécier sa déposition.* J'ai sa lettre en original
écrite de sa propre main ; je la porte sur moi,
je puis la montrer à chaque instant. S'il n'en
peut pas dire autant de celle qu'il m'attribue

dans le *considérant* de son mandat d'arrêt, si au comité de sûreté générale il ne répond pas pertinemment et avec preuve sur cet article, je le répete, cet homme est un monstre digne de l'exécration publique. Or, notez bien que Bidault est proche parent de Becker, et que celui-ci, par la plus immorale et la plus cruelle inconséquence, d'un côté me faisoit périr pour venger sa famille, et de l'autre avilissoit sa famille pour me faire périr.

Enfin, Becker ordonne qu'étant en prison, il me sera donné *tous les moyens* et toute la *latitude possible* pour rendre mes comptes et les préparer, *lesquels depuis long-temps auroient pu et dû être rendus.*

J'ai prouvé, par l'emploi exact de mon temps depuis mon arrestation du 10 octobre 1793, l'impossibilité absolue où j'avois été de les rendre. J'ai démontré celle de m'en occuper dans une maison d'arrêt, par la seule difficulté d'en rassembler les matériaux, indépendamment de toute autre. Ne faut-il pas recouvrer les pieces de comptabilité qui m'ont été prises par Meunier et Joly, ou parcourir le théâtre de mes missions pour y suppléer, et recevoir les autres de mes préposés? Ne faut-il pas vérifier mes délivrances aux directions des armées, aux gardes magasins des vivres et fourrages, retirer leurs bons des mains d'une multitude de voituriers qui les conservent encore n'étant pas payés, compter avec une grande partie des ouvriers employés aux ponts sur la Blize et à d'autres ouvrages, rassembler mes papiers mis sous les scellés tant à Paris que dans mon domicile à Sargüemines? Quelle ruse odieuse! quelle grossiere iniquité!

En me jetant dans un cachot, la plus exécrable tyrannie ne voulut pas, comme je le demandois à grands cris, faire précéder ma captivité du compte dont je voulois et veux encore me décharger le plutôt possible; et aujourd'hui elle me fait un crime de ne pas l'avoir rendu.

En me faisant arrêter au milieu de mes travaux, par un retard involontaire et forcé de 20 mois, elle me l'a rendu difficile; maintenant par une seconde arrestation non moins tyrannique que la premiere, elle me le rend impossible. Que font donc les *moyens* et la *latitude* qui me sont offerts, sinon ajouter la raillerie à la cruauté ?

Il est à remarquer qu'au tribunal révolutionnaire je n'ai pas fait assigner un seul témoin à ma décharge. Hélas! j'avois confiance dans la véracité humaine (*a*), et je ne connoissois pas encore, par la perversité de Faure et de Becker, toute celle dont l'homme est capable. Sans

---

(*a*) Joly l'un des commissaires poussé à bout dans le cours des débats, fut obligé de déclarer publiquement que je lui avois toujours paru un bon citoyen, et qu'ayant fait rédiger son rapport contre moi par une main étrangere et maligne, il l'avoit signé sans l'avoir lu. Toute l'assemblée frémit d'indignation, et je pense que Joly et Meunier ne se chargeront plus de commission qu'ils ne soient capables de remplir.

Il existe à Metz un homme d'un patriotisme équivoque, détesté de toute la ville, dur, envieux, malfaisant par caractere. Cet homme est notaire; ce notaire se nomme *Guelle*; ce Guelle est le rédacteur du rapport infernal de Joly et de Meunier contre moi. Je ne sais s'il possede, comme on le dit, l'art de couper la bourse de ses concitoyens; mais sans se compromettre, et par procuration de Meunier et de Joly, il travailla assez adroitement à me faire couper la tête.

autre défenseur que ma conscience, j'ai répondu, pendant un jour et plus, à quinze témoins
et à quatorze chefs d'accusation. Ma défense
forte de la seule vérité, par la certitude et la
publicité des faits, malgré moi, se changeoit en
mon éloge. De l'instruction la plus rigoureuse,
de l'acquittement le plus honorable qui se soit
vu au tribunal depuis le 9 Thermidor, il résulte enfin que j'ai servi la République avec
zele, intelligence et activité; que cent fois, au
péril de ma vie, je l'ai enrichie des dépouilles
de ses ennemis. Et voilà ma récompense ! Est-
il un citoyen probe, désintéressé, malheureux,
aimant son pays, que mon sort n'effraye ? Faure
et Becker ! hommes vils, lâches imposteurs !
combien souffrent la justice et la vérité que
vous outragez sciemment, de vous voir assis
au milieu de la représentation nationale ! combien souffrira le saint amour de la patrie, si,
par les changemens que l'on médite, le sort
vous y laisse, et si la loi ne donne pas au peuple souverain le droit de rappeller nommé-
ment, en les remplaçant aux premieres élec-
tions, ceux qui, comme vous, sans talens, sans
vertus, se seront montrés les plus méchans de
tous les hommes !

BOUTAY.

P. S. En finissant j'apprends que le comité
des finances, pendant que j'étois à Paris, loin
de mon district, y a fait prendre des informa-
tions sur ma probité et ma moralité. J'en invoque avec confiance le résultat.

PIECES PROBANTES.

[N°. 1.]

Jugement du tribunal révolutionnaire établi à Paris.

Du 14 brumaire, l'an troisieme de la République française, une et indivisible.

Nous, François-Joseph Rudler, vice-président du tribunal révolutionnaire, établi à Paris, vû la déclaration du juré de jugement, sur l'accusation portée contre :

Jean-Claude Boutay, âgé de 29 ans, ancien administrateur du district de Sarguémines, et chef des deux légions de la masse réunie dans le département de la Moselle, né à Sarguemines, y demeurant, département de la Moselle;

Madelaine Pierrot, femme Boutay, âgée de 27 ans, native de Marange, département de la Moselle, demeurante à Sarguemines, et autres, etc.;

Portant à l'unanimité, qu'il n'est pas constant qu'il ait existé un systême de dilapidation dans les biens nationaux, parmi plusieurs membres de l'administration du district de Sarguemines et les commissaires aux évacuations du pays de Sarbruck, des Deux-Ponts et de Bliscastel;

Qu'il n'est pas plus constant qu'il ait été entretenu des intelligences et correspondances avec les ennemis de la patrie, dans les communes de Puttelange et de Sarguemines:

Disons que lesdits Boutay, femme Boutay et autres accusés sont et demeurent acquittés de l'accusation:

tant parti du Carlsberg, ma mission finie, j'ai été plusieurs fois dans le cas de repousser les ennemis de
Limbach, Bliscastel, Hombourg et Deux-Ponts; que
presque toujours j'y ai trouvé ledit Boutay, qui souvent
m'a rendu service; que n'ayant alors qu'un aide-
de-camp, je l'employois à porter des ordres à différentes colonnes, où il a été souvent exposé au feu de
l'ennemi, et s'est toujours acquitté, avec zele et cou-
rage, des commissions que je pouvois lui donner; que
les ennemis repoussés de ces différens endroits, il pro-
fitoit du moment pour enlever aux ennemis les fourrages et ce dont il étoit chargé. Je dois à la vérité de
rendre ce témoignage pendant les mois de février,
mars et avril 1793. A Sarbruck, le 26 avril 1793.

Le général de brigade commandant l'avant-garde
de l'armée de la Moselle, *signé* Landremont.

[N°. 8.]

FORCE ARMÉE DE PARIS.

Section de la Butte-des-Moulins.

Premier arrondissement.

SIXIEME COMPAGNIE.

Nous soussignés, officiers, sous-officiers et volontaires
de la 6e. compagnie, certifions que le citoyen Jean-
Claude Boutay, chef de la 1ere. légion du district de
Sarguemines, département de la Moselle, de présent
logé rue Traversiere, maison d'Autruche, nous a dé-
claré, qu'ayant été instruit qu'il s'élevoit un mouvement qui sembloit menacer la sûreté de la convention,
il prit le parti de retarder son voyage pour se réunir à
la force armée de sa résidence; et que, de fait, depuis
les jours d'insurrection du fauxbourg Antoine, nous
l'avons vu se présenter, avec les bons citoyens de notre
compagnie, par-tout où le bien public nous a appellés;
qu'il s'y est rendu de son gré et comme volontaire, no-

tamment à l'expédition dirigée le 4 contre les rebelles du fauxbourg Antoine : en foi de quoi nous lui avons délivré le présent certificat.

Fait à Paris, ce 6 prairial, an III de la république. *Signé* Berthet, *lieutenant, commandant le détachement le 4 prairial;* Cécile, *sergent;* A. Métrier, *caporal;* Trémel, F. Cécile, Léger, Avisse, Schormann, &c, et Marche, *commandant en second de ladite section.*

Vu au comité civil de la section de la Butte-des-Moulins, certifions la signature du citoyen Marche, commandant en second de ladite section.

Au comité, le 7 prairial, l'an III républicain. *Signé* Bécox, Chaumet, *commissaires,* et Collinet, *secrétaire.*

[N°. 9.]

Bitche, le 17 frimaire, l'an deux de la république.

FAURE, représentant du peuple, aux citoyens Lyonnois *et* Nicolas, *ses délégués.*

J'ai reçu votre lettre du 15, mes chers amis ; ......
vous me dénoncez un prêtre, mais vous ne me donnez pas son nom; vous ne me dites pas qui il est, d'où il est, ou curé ou vicaire ; vous ne me faites passer aucun procès-verbal, aucun cahier de déclarations de témoins......

Je vous autorise à faire mettre cet homme provisoirement en état d'arrestation, à remplir ce que je vous marque ci-dessus, et visiter ses papiers, et m'envoyer le tout sans délai par la voie de la correspondance de la gendarmerie.

Je viens de faire, à Sarguemines, *un petit coup de filet* qui envoye 14 au tribunal révolutionnaire à Paris. Du nombre sont la ci-devant princesse Loevenstein, Commorell, son aumônier, etc.

Je vais partir sous peu de jours pour parcourir l'entier département de la Moselle.

Salut et amitié. *Signé* Faure.

ERRATA.

Dans les exemplaires où , à la note de la page 23,
il a au-lieu de *cette lettre de Faure*, lisez : *cette lettre
de mes commettans.*